十三届全国人大二次会议《政府工作报告》学习辅导

2019年经济社会发展主要预期目标

陈祖新　著

中国言实出版社

图书在版编目（CIP）数据

2019 年经济社会发展主要预期目标 / 陈祖新著 . -- 北京 : 中国言实出版社 , 2019.3

ISBN 978-7-5171-2779-6

Ⅰ . ① 2… Ⅱ . ①陈… Ⅲ . ①中国经济—经济发展—合理预期（经济学）—目标— 2019 ②社会发展—合理预期（经济学）—目标—中国— 2019 Ⅳ . ① F124 ② D668

中国版本图书馆 CIP 数据核字（2019）第 055202 号

出 版 人：王昕朋
总 监 制：朱艳华
责任编辑：胡　明

出版发行　**中国言实出版社**
　　　　地　　址：北京市朝阳区北苑路 180 号加利大厦 5 号楼 105 室
　　　　邮　　编：100101
　　　　编辑部：北京市海淀区北太平庄路甲 1 号
　　　　邮　　编：100088
　　　　电　　话：64924853（总编室）　64924716（发行部）
　　　　网　　址：www.zgyscbs.cn
　　　　E-mail：zgyscbs@263.net
经　　销　新华书店
印　　刷　北京温林源印刷有限公司
版　　次　2019 年 3 月第 1 版　2019 年 3 月第 1 次印刷
规　　格　850 毫米 ×1168 毫米　1/32　0.625 印张
字　　数　12 千字
定　　价　6.00 元　ISBN 978-7-5171-2779-6

2019 年经济社会发展主要预期目标

李克强总理在《政府工作报告》（以下简称《报告》）中提出了今年经济社会发展的主要预期目标。这些目标，体现了保持经济平稳运行、推动高质量发展的要求，符合我国发展实际，与全面建成小康社会目标相衔接。实现这些目标，需要付出艰苦努力。

一、保持经济运行在合理区间，推动高质量发展

国内生产总值（GDP）衡量着一个经济体当期创造的社会财富，是经济运行的基础性、综合性指标。人们通常所说的经济增长速度，就是 GDP 增长速度，具有很强的宏观指导性。无论是确定就业、物价、居民收入等宏观调控目的性指标，还是确定财政收支及赤字、货币信贷规模、国际收支等宏观调控政策性指标，GDP 增速都是重要依据，《报告》提出

今年"国内生产总值增长 6%—6.5%",是经过反复权衡的,既考虑了必要性也考虑了可行性。

第一,这个增速符合国内外发展实际。判断一个国家的经济增长,既要把握趋势性因素,又要认清国内外客观现实。

改革开放以来,我国经济总体上持续较快增长,现在我国已成为世界第二大经济体,国家综合实力显著提升。但发展到了现阶段,由于劳动力、土地等生产要素成本的上升,由于资源环境约束的增多,传统竞争优势有所削弱,经济发展处于转型升级、爬坡过坎的关键时期,增长速度适度放缓是有其内在规律的。去年我国人均 GDP 已接近 1 万美元,进入向高收入国家行列迈进的关口。国际经验表明,在这样一个发展时期,不可避免地会遇到各种困难和挑战,也会面临结构调整优化的阵痛。现在我国经济规模已相当大,在这样的高基数上很难实现过去那样的快速增长,这也是一个普遍规律。虽然增长速度不如过去,但增量比过去要大得多。去年我国经济增长 6.6%,对应的增量近 8 万亿元,这相当于十年前增量的 1.6 倍。今年完成 6%—6.5% 的增长目标,其增量也会与去年的增量大体相当。这个速度在世界主要经济体中也会是十分抢眼的，增量相当于一个中等发达国家一年的经济总量。

从国内外环境看，今年我国经济发展面临更加复杂多变的形势，面临更多困难和挑战。全球经济增长放缓、贸易保护主义抬头、主要经济体宏观政策调整、地缘政治冲突等外部不确定因素，都会影响我国经济发展。近期，国际货币基金组织预测今年全球经济增速为 3.5%，较上次预测下调 0.2 个百分点；世界银行的预测为 2.9%，也较前期下调 0.1 个百分点。至于我们国内，经济运行下行压力加大，实体经济特别是民营企业、小微企业困难增多，投资需求、消费需求的增速也在放缓。综合考虑这些因素，今年经济增长预期目标比去年略有降低，是实事求是的。

对实现今年的经济增长预期目标，要有足够的信心。我国发展仍处于重要战略机遇期，经济发展拥有足够的韧性、巨大的潜力和不断迸发的创新活力。韧性主要表现为中国人民勤劳智慧，每个人每个家庭都在为过上好日子、为国家繁荣富强而奋斗，亿万人民坚忍不拔地往前走，就会汇聚成我国经济发展攻坚克难的强大力量。潜力主要表现为我国地域辽阔，工业化、城镇化仍在深入发展之中，城乡区域协调发展有着巨大的发展空间和回旋余地，近14亿人口的世界级消费市场在不断升级，补短板和产业结构调整优化蕴含着不可小视的有效投资需求。创新活力主要表现为新兴产业蓬勃发展，新动能加快成长。去年，我国高技术制造业增加值增长11.7%，战略性新兴服务业营收增长14.6%，高技术产业投资增长14.9%，特别是依托互联网的数字经济快速发展，新技术新产业新业态新模式方兴未艾。推动我国经济发展，既要正视困难、直面挑战，又要坚定信心、迎难而上。事实上，确定今年增长6%—6.5%的预期目标，只是比去年6.5%左右的预期目标略有调低，这本身就是有信心有能力的体现；同时，这个目标坚持了底线思维，表明了不会允许经济大起大落，而是要保持经济运行在合理区间、推动经济行稳致远。

第二，这个增速体现了高质量发展的要求。推动经济高质量发展，是我们国家跨越中等收入这个特殊阶段、建设现代化强国的必然要求。经济转型升级是必须要闯过去的一道坎，躲不过、绕不开。经济朝着高质量发展方向迈进，需要与之相适应的发展环境。速度高了,"萝卜快了不洗泥",容易分散集约式、内涵式发展的精力,一些深层次矛盾在这个过程中会被掩盖和积累。当然,经济运行也不能滑出合理区间,否则容易产生"水落石出"的现象,增加新的困难和风险。我国经济发展方式的转变、结构的优化、增长动力的转换都需要一定的经济增速作保障,打好防范化解重大风险、精准脱贫、污染防治三大攻坚战也需要一定的经济增速作保障。

确定今年的经济增长目标,充分考虑了推动经济高质量发展的需要。这样的目标,有利于引导各方面集中更多精力深化改革、调整优化结构、增强发展后劲,推动经济发展质量变革、效率变革、动力变革,提高全要素生产率。

今年的经济增长目标,也是符合全面建成小康社会要求的。按照 2020 年国内生产总值比 2010 年翻番的目标测算,今明两年需实现约 6.2% 的经济增速,今年实现 6%—6.5% 的增速是合理的。

第三,这个增速符合预期、能够有效凝心聚力。经济社会发展预期目标,既是政府工作的努力方向,又能起到凝聚社会各方面共识和力量的作用。增速定得过高，会让社会认为对困难和挑战认识不足，对攻坚克难的举措准备不足。当然，也不能畏惧困难和挑战，把目标定得过低，否则不利于调动各方面的积极性、创造性，不利于稳定市场预期、提振市场信心。今年我国经济增长 6%—6.5% 的目标，是符合国内外预期的。两会前，国际货币基金组织和世界银行对 2019 年中国经济增速的预测值均为 6.2%，国内部分机构预期值也在 6%—6.5% 这一区间。

今年的经济增长目标是一个区间数，而不是一个点位数，给宏观调控提供了灵活操作的空间。这主要是考虑了今年不稳定不确定性因素增多，经济增速小幅波动可能难以避免，宏观调控需要增加弹性范围。2016 年，我国经济增长的预期目标为 6.5%—7% 的区间，实践证明效果是好的。

二、实施好就业优先政策

就业是民生之本。对个人来讲，有就业才有收入、家庭生活和个人发展才有保障；对社会和国家来讲，有就业才能创造财富，才能保障社会和谐稳定。世界各国普遍把就业作为宏观调控的重要目标，有些甚至把就业作为最主要的目标。在我国发展社会主义市场经济的过程中，就业始终摆在了十分突出的位置。稳增长首要是保就业。当前要做好"六个稳"工作，其中"稳就业"在首位。今年的《报告》，不仅明确了就业这一宏观调控重要目标，而且首次把就业优先政策与积极的财政政策、稳健的货币政策一道，并列为需要把握好的宏观政策取向，并提出了一系列重大举措。这样做，就是要把稳就业摆在更加突出的位置，进一步强化重视就业、支持就业的导向。

我国有近14亿人口、近9亿劳动力，在实现现代化的进程中，应对就业压力始终是一个需要做好的大文章。据有关部门测算，今年仍有1500多万新成长劳动力需在城镇就业，其中高校毕业生将达到834万人、数量再创新高，同时受外部环境深刻变化对国内就业形势的影响，需要给部分群体留下转岗再就业的空间。综合这些因素，再扣除掉退休等腾退的就业岗位，今年仍需要1100万人以上的城镇新增就业岗位。所以《报告》提出，今年要实现城镇新增就业1100万人以上的预期目标，并力争达到近几年的实际新增规模。这几年我国每年城镇新增就业实际规模都超过了1300万人，今年提出这样的政策导向，体现了更加重视稳就业。

实现今年的就业预期目标是有条件的。现在我国就业容量大的服务业较快发展，大众创业万众创新深入推进，新产业新业态新模式不断涌现，单位经济增长对就业的吸纳能力持续增强。按照近年来经济增长1个百分点可以带动190万到200万人的就业测算，今年6%—6.5%的经济增速可以支撑目标要求的城镇新增就业。

《报告》还提出了今年全国城镇调查失业率、城镇登记失业率的目标。过去我国主要采用城镇登记失业率，统计范围是非农户籍人口，也就是不包括进城务工农民等常住人口，而且数据来源是就业管理部门的行政记录，需要失业人员主动登记。城镇调查失业率指标，在试点的基础上去年首次纳入经济社会发展预期目标，这一指标的数据来自劳动力市场调查，统计范围包括了农民工等所有城镇常住人口，更能全面反映城镇就业状况。也正因为如此，在同样的就业状况下，调查失业率要高一点，登记失业率要低一点。从调查失业率看，去年按月份一直保持在4.8%—5.1%之间，尽管今年就业压力有所加大，但实现5.5%左右的目标是有把握的；去年调查失业率预期目标为5.5%以内，今年定在5.5%左右，增加了弹性，主要是考虑了外部不确定性增加以及数据存在季节性波动，留有一定余地。从登记失业率看，近年来一直保持在4%左右，今年预期目标为4.5%以内，也是留有余地、有把握的。

实现今年的就业预期目标，既要应对就业总量压力，又要应对就业结构性矛盾。当前，一些地区"用工荒"与"就业难"现象并存。据统计，全国高技能人才缺口在2000万以上。针对这种情况，《报告》提出要大力发展职业教育，改革职业教育招生制度，完善接受职业教育和技能人才的激励机制，今年高职院校要大规模扩招100万人。这是一项既有利于缓解就业压力，又有利于提升劳动力素质的大事，要办实办好。现阶段，全球新一轮工业革命在兴起，我国经济在转型升级，经济发展和劳动力供给的摩擦性问题还会呈现，这就需要因时因势调整优化教育结构、人才培养结构，为现代化建设提供更好的人力人才保障。

实践证明，大众创业万众创新是培育市场主体、以创业带动就业的有效路径，要持续深入加以推进。在稳定和扩大就业中，地方政府积累了不少有益经验，应当继续探索创新。去年下半年以来，国家出台了一系列促进就业的政策举措，其中有不少硬招实招，务必抓细抓实。

三、保持居民消费价格基本稳定

价格是宏观调控重要指标之一，能够综合反映经济运行的健康状况。价格上涨过快，形成通货膨胀，会破坏经济发展的内在机理，恶化不同群体之间的收入分配关系，加重群众负担。当然，通货紧缩也不是好事，对经济增长不利，治理起来往往比治理通胀难度更大。居民消费价格（CPI）反映了与居民生活有关的消费品和服务价格水平的变动。从世界各国经济发展的实践来看，CPI 在 1%—3% 之间温和上涨，是一种比较理想的状况，总体上对经济发展、居民增收是有利的。近年来，我国 CPI 一直稳定在合理水平，连续 7 年涨幅低于 3%。去年，我国物价运行整体平稳，CPI 涨幅为 2.1%。

《报告》提出了今年居民消费价格涨幅 3% 左右的预期目标，这与去年的预期目标是一致的。考虑到物价运行的基础、翘尾因素和新涨价因素，今年保持物价基本稳定是有把握的。翘尾因素，大约影响今年物价上涨约 0.7 个百分点。新涨价因素主要是：受国际上贸易保护主义抬头、非洲猪瘟疫情等影响，猪肉等食品价格可能上涨；国际油价等大宗商品震荡上行的可能性也不排除；在劳动力成本上升的情况下，国内服务价格可能保持涨势。总的来看，今年物价上涨因素总体可控，设定 3% 左右的预期目标预留了较大空间。从今年 1 月、2 月的情况看，CPI 同比分别上涨 1.7% 和 1.5%，较去年同期略有放缓。

四、保持国际收支基本平衡

像我国这样一个发展中大国，保持国际收支基本平衡、保持合理规模的外汇储备，对于稳定经济金融、稳定市场预期十分重要。在当前风险挑战增多的情况下尤其如此。《报告》提出，今年要保持"国际收支基本平衡"，推动"进出口稳中提质"。国际收支主要包括经常账户收支和资本账户收支，前者包括货物贸易、服务贸易收支，后者主要包括直接投资和金融领域流入流出。当前，要保持国际收支平衡，应做好外贸、外资以及人民币汇率几个方面的工作。

一是促进外贸稳中提质。对外贸易不仅直接关系国际收支，对稳定经济增长、促进结构调整、扩大社会就业等都有着不可替代的重要作用。去年我国进出口总额突破 30 万亿元，同比增长 9.7%，全年的增量按美元计相当于全球第二十大贸易国全年的总量，我国第一贸易大国地位更加巩固。这是在全球贸易增长明显放缓的情况下取得的，实属不易。今年，要继续做好促外贸的工作。

首先是稳规模。今年，全球经济增长可能放缓，与经济增长密切相关的全球贸易也不容乐观。世贸组织将今年一季度全球贸易景气指数降至 96.3，创 9 年以来的最低。能够反映全球贸易景气的波罗的海干散货运价指数，在今年 2 月份更是跌到 600 多点，是 2016 年 7 月以来的最低。同时，贸易保护主义抬头，对我国进出口带来压力。但也要看到，去年以来我国为稳外贸推出了一系列政策，《报告》也从多个维度提出了稳定进出口的举措。这些都会有效促进进出口，外贸规模有望保持稳定。

同时要着力提质量。我国在全球产业链价值链中大致处于中端水平，外贸总体上大而不强。当前内外部环境发生很大变化，我国进出口发展面临诸多压力，必须加快转型升级。一些发达国家在推进制造业回流，不少发展中国家利用低成本优势挤压我出口空间，可谓"前有堵截、后有追兵"。全球科技与产业加速变革，产业链价值链布局正在演变，颠覆式创新往往是"赢者通吃"，国际市场的竞争更多比拼的是创新力的竞争，这必然会影响到我国的出口，特别是影响到占四分之一的加工贸易、影响到一些传统商品的出口。因此，在稳定外贸基本盘的同时，必须在优化贸易结构、提升质量效益上狠下功夫，不断迈向全球产业链价值链的更高水平。

二是做好稳外资各项工作。外资流入有利于增加外汇储备。外资企业已成为我国经济不可或缺的重要组成部分，去年其出口占到出口总额的42.6%，对税收、城镇就业的贡献也占了较大比重。外资带来的不仅是资金，还有观念的转变、技术的进步、管理的改善等，综合效应明显。过去一年，经过各方面努力，在全球跨国投资大幅下降19%的情况下，我国吸收外资逆势增长3%左右、新设外资企业数量增长近70%，继续保持发展中国家吸收外资第一大国的地位。当前全球跨国资本的流动仍在减少，各国吸引外资的竞争在加剧，我国要利用好市场庞大、人力人才资源丰富等优势，让中华大地继续成为全球投资的热土。去年以来，受外部环境的影响，出现了外资推迟来华投资、已有外资企业向外转移或考虑向外转移产能的苗头，对此要采取针对性措施，包括优化市场准入负面清单、落实放宽外资股比限制政策、解决外资企业合理诉求等，努力让更多外资进入中国，让已在中国的外资企业发展好、留下来、扩大利润再投资。今年的全国人代会审议通过了《外商投资法》，明年1月1日开始实施，今年应做好相关准备工作。

三是保持人民币汇率在合理均衡水平上的基本稳定。汇率的变化既影响商品价格进而影响进出口贸易，又影响资金价格进而影响资本的跨境流动，这些都会直接影响国际收支。近些年，人民币汇率形成机制改革不断推进，汇率总体上保持稳定。同时要看到，也有一段时间人民币汇率波动较大，国际收支平衡面临较大压力。过去一年，人民币对美元汇率呈贬值趋势，中间价一度由6.28：1贬到6.97：1。经过努力，目前人民币汇率又走向稳定，呈双向合理小幅波动。当前外部环境不确定因素增加的形势并未改变，对保持人民币汇率稳定不能掉以轻心，要进一步健全汇率形成机制，改革完善外汇市场管理制度，保持人民币汇率在合理均衡水平上的基本稳定，发挥好汇率在促进国际收支平衡中的重要作用。

五、金融财政风险有效防控

防范化解重大风险，是决胜全面建成小康社会要打好的三大攻坚战之一。《报告》提出了"宏观杠杆率基本稳定，金融财政风险有效防控"的目标任务，要努力完成好。

保持宏观杠杆率基本稳定，对防范化解经济金融风险十分重要。宏观杠杆率是非金融部门债务总额与国内生产总值的比值，杠杆率高意味着经济主体的债务负担重，违约风险也随之上升。我国宏观杠杆率低于大多数发达国家，大致略高于全球平均水平。我国宏观杠杆率偏高，主要是企业特别是国有企业杠杆率高，近年来居民部门杠杆率也在上升。经过努力，去年我国宏观杠杆率下降了1.5个百分点，今年要继续保持宏观杠杆率基本稳定。要坚持结构性去杠杆，重点是降低国有企业杠杆率，稳定居民部门杠杆率。

当前，我国金融体系总体是稳健的，风险总体是可控的，但也存在一些不可忽视的风险隐患。要稳妥处置风险点，依法打击各类非法金融活动，促进股市、债市、楼市等健康发展。我国政府负债率总体不高，但一些地方政府的隐性债务重，要积极稳妥化解。与此同时，还要警惕防范外部输入性风险。

对防控金融财政等风险要坚定不移，同时也要平衡好稳增长与防风险的关系，防止发生"处置风险的风险"。《报告》提出，长期积累的诸多风险隐患必须加以化解，但要遵循规律，讲究方式方法，按照坚定、可控、有序、适度要求，在发展中逐步化解，坚决避免发生系统性、区域性风险。对此要抓好贯彻落实。

六、实现居民收入增长与经济增长基本同步，加大脱贫攻坚力度

发展的根本目的是为了人民。群众基本生活能不能得到保障、生活水平能不能得到改善，主要还在于收入能不能增加。居民收入提高了，反过来也能增加消费、加快消费升级、促进经济增长。要坚持在经济增长的同时实现居民收入同步增长，在劳动生产率提高的同时实现劳动报酬同步提高。去年，全国居民人均可支配收入 28228 元，比上年增长 8.7%，扣除价格因素，实际增长 6.5%，快于人均 GDP 增速。《报告》提出今年居民收入增长与

经济增长基本同步，这体现了以人民为中心的发展思想，体现了目标和政策的连续性，也与2020年全面建成小康社会的目标要求相衔接。实现这一目标，最根本的在于保持经济持续健康发展，同时把国家相关政策落到位。新的个人所得税法已全面实施，8000多万纳税人无需再缴个税，要进一步把提高起征点、实行6项专项附加扣除的政策落实好。

如期实现现有标准下农村贫困人口全部脱贫，是全面建成小康社会必须打赢的攻坚战。我国精准扶贫已经实施了6年，脱贫攻坚战已经打了3年，贫困人口6年间减少了8000多万人，平均每年减贫1300多万人。目前我国农村还有1660万贫困人口，要在今明两年完成脱贫。脱贫攻坚越往后遇到的越是难啃的硬骨头，《报告》提出今年农村贫困人口减少1000万以上，也是为明年脱贫攻坚留下空间，确保如期打赢精准脱贫攻坚战。

七、推动生态环境进一步改善

生态环境事关人民群众福祉，事关中华民族永续发展。保护生态环境就是保护生产力，改善生态环境就是发展生产力。《报告》提出，"生态环境进一步改善，单位国内生产总值能耗下降3%左右，主要污染物排放量继续下降"。这是今年生态文明建设的目标任务，必须确保完成。

降低能耗关乎资源节约利用，关乎污染防治。"十三五"规划提出，5年内单位国内生产总值能耗要降低15%。过去3年，单位国内生产总值能耗分别降低5.0%、3.7%、3.1%。按此测算，完成"十三五"规划提出的目标，今明两年年均需降低2%左右。《报告》提出的今年降低3%左右的目标，体现了积极主动作为。可以说，这个目标考虑了加大生态文明建设力度和资源节约等的需要，兼顾了能耗降低难度加大的实际，也为明年留足了空间。

污染防治攻坚战排在首位的是蓝天保卫战，必须不断降低空气污染物排放量。为此，《报告》对影响空气质量的污染物排放下降细化了目标要求，提出今年二氧化硫、氮氧化物排放量要下降3%，重点地区细颗粒物（$PM_{2.5}$）浓度继续下降。达到这样的目标，需要付出很大努力。